OLAS DE NOSTALGIA

Anna Teixidó Vázquez

Aliarediciones

Corrección: Eladia Guerrero
Diseño de cubierta: Jaime Galisteo
Maquetación: Aliar Ediciones

Depósito Legal: GR 252-2025
ISBN: 979-13-87590-65-9

Impreso en España

Edita
ALIAR Ediciones
www.aliarediciones.es
info@aliarediciones.es

OLAS DE NOSTALGIA

Anna Teixidó Vázquez

A aquellas personas que *han estado, están y estarán* en mi vida. Aquellas que, incluso en la distancia, siguen siendo hogar, memoria y poesía. *A ti.*

«En este momento digo cosas en confidencia,
no podría decírselo a todo el mundo, pero te lo diré a ti».

WALT WHITMAN

TAN INDÓMITA COMO SU NATURALEZA

Mary Oliver escribió:

[...] *Desde que el estilo se había despojado de sus elegantes ropajes y había salido de paseo por el campo, el poema se había transformado en una conversación, o un documento tan personal, al menos, como una carta escrita por un amigo y destinada a ser recibida por un amigo. A veces, el poema era incluso más personal: tan íntimo como la entrada de un diario escrita por el poeta sólo para sus ojos; en todo caso, lo leíamos —y se pretendía que lo leyésemos— como mirando por encima del hombro del escritor. De ningún modo los nuevos poemas se presentaban al público al viejo estilo, con sombreros y guantes, fieles a una métrica y «cuidadosos» con su discurso* [...].

Y al igual que Oliver aprendió de Whitman,
yo empecé a aprender con ella.

PARTE I

SUSURROS DEL AYER

FRAGMENTOS DE UN VERANO

Recuerdo cuando en verano
cerníamos nuestra atención en los brotes verdes,
nuestros dedos acariciaban hoja tras hoja,
buscando aquella que lo hacía especial.
Cada verano hacíamos lo mismo.
Solo contigo, con nadie más.

Ahora busco sola,
recordando ese momento con tristeza y alegría:
tristeza porque ya no estás,
y alegría por haberlo vivido.

Y lo encuentro,
el trébol de cuatro hojas,
las hojas verdes de la suerte con forma de corazón,
esas que compartíamos tú y yo.
Te lo envío, porque aunque estés lejos
yo sigo en ese momento contigo.

Y aunque solo sea una simple fotografía
de ese brote verde que trae suerte,
tú me dices que, aun así,
al estar ahí, ya la compartimos para siempre.

OLAS DE NOSTALGIA

Recordar con dolor,
una mezcla de tristeza y alegría.
Nostalgia es lo que siento al pensar en ti.
Y aún no he decidido
si es mi emoción favorita
o la que más odio.

UN RAYO DE LUZ

Entre tanta oscuridad,
la mía,
tú eras un rayo de luz.

Entre tanta oscuridad,
la tuya,
yo era un rayo de luz.

Éramos el rayo de sol que ponía color
en nuestros días grises.

ESCUCHARTE REÍR

Esa carcajada pura,
uno de los sonidos más bellos del mundo.
Como las olas rompiendo en las rocas,
un eco que te abraza y te atrapa,
haciéndote mirar el horizonte durante horas.
La embriaguez que despierta...
es la misma que cuando tú,
sí, tú,
escuchas reír a tu persona favorita.

JUGAR A MURMURAR TU NOMBRE

Me gusta tu nombre.
Suena a un ronroneo,
vibrando suavemente,
hasta que se escapa a través de un suspiro.

CUANDO NO SOY YO

No digas mi nombre, te lo prohíbo.
Nunca he sido esa para ti.
No digas mi nombre, te lo prohíbo;
en tus labios es como una espina.

No digas mi nombre,
no, no te lo prohíbo;
eres libre.
Pero no digas mi nombre.
Nunca he sido esa para ti.

ESTOY EN CASA

En tu mirada encuentro el refugio,
un cálido abrazo donde el alma reposa,
un rincón de paz en el caos del mundo.

Susurros de cariño que abrazan el viento,
con cada palabra, me quitas el frío,
cada beso tuyo ha sido un refugio.

Así, contigo, no hay miedo ni duda,
solo el calor de un hogar que florece,
en tus brazos, el mundo se aquieta,
y las sombras van haciéndose pequeñas.

Eres la luz que disipa la noche,
el faro que me ilumina.
Y no te lo he dicho nunca,
tal vez debería,
porque no sé si lo sabes,
pero contigo me siento segura.

DOS MIL DIECISIETE

Nuestro último año y sin saberlo.
¿Dónde quedaron los abrazos a destiempo?

TODO AQUELLO QUE QUERÍA DECIRTE Y NUNCA TE DIJE...

Puede que fuese así durante algún tiempo (años quizá).
Pero te lo dije.
Me armé de valor,
          me tragué el miedo,
                              y te lo dije.
Y escucha... salió bien.

SURCOS EN LA MENTE

Fue en el 2023.
Me vino de pronto,
una sacudida de todo mi ser.
Y allí estabas tú,
frente a la ventana,
saludándome con tu sonrisa.

Y yo te miré,
primero extrañada,
preguntándome el porqué de esa sensación.
Si era normal que estuvieras allí.
Siempre lo habías estado.
¿Por qué ahora iba a ser diferente?

Esperé a que entraras en la cocina.
Habías pasado de largo la ventana,
y ahora,
la siguiente parada,
era donde yo estaba.
Como siempre hacías.

Y esperé.
Segundos que se convirtieron en minutos,
y no apareciste.
De nuevo, esa sacudida,
esa sensación como de estar en un tubo
que me tiraba hacia arriba (¿o era hacia abajo?).
Esa irrealidad.

Podía escuchar las pequeñas corrientes eléctricas
recorriendo mi cabeza,
esas conexiones sinápticas que se reactivaban,
que se adaptaban.
¿A qué se adaptaban?
A la realidad del recuerdo.

No eras tú, no estabas allí,
pero por un momento sí que lo habías sido,
habías estado a pocos metros de mí,
vestida tal y como te recordaba,
con tus mismos gestos.

Pero era irreal.
La irrealidad podía ser tan real...
Tanto que ahora me costaba adaptarme al dolor,
—aquel sí era real—,
que había empezado a extenderse.

GIRAR EL TIEMPO

Como ves, he recuperado el hábito de escribirte.
¿Cuánto hace de la última vez?
Quiero volver a lo de antes,
girar el tiempo y volver a aquellos lugares
en los que fuimos felices.

Pero no puedo; la impermanencia del tiempo,
los cambios, la muerte de los momentos
para dar vida a otros nuevos.
Y si te soy sincera,
este ciclo de transformación
ha empezado a gustarme,
ese arte de soltar para avanzar.

Difícil, lo sé,
sobre todo para mí,
la doña apegada al apego.
Pero a ti,
y eso lo tengo claro,
no te quiero soltar.
Jamás.

Hoy, en momentos de reflexión,
necesito una tirita en el corazón,
porque tu ausencia duele,
quema como el fuego.

Quisiera enviarte esto,
solo este último trozo.
Y tal vez,
solo tal vez,
algún día, en algún momento,
lo haga.
Quizás no.
Nunca se sabe.

Ausencia del ego,
no anticipar:
un reto difícil para quienes
convivimos con la ansiedad.
Solo hay que estar en el presente,
sentirse, escucharse,
y centrarse en lo que sientes.

LA PROFUNDIDAD DEL OCÉANO

Me gusta el mar, lo adoro.
El sonido del vaivén de las olas,
la tranquilidad del agua,
el reflejo del sol y de la luna,
la magia que esconde en sus profundidades.

Y me siento atada a él. Soy feliz cuando lo veo.
Sobre todo en invierno,
sin gente,
sin prisa.

Pero, a veces, en la vida,
siento que la corriente me arrastra,
como si me encontrara en mitad de aquel vaivén
que aprieta con fuerza,
con demasiada fuerza.

Y me ahogo,
me hundo,
vuelvo a salir a flote,
y me vuelvo a hundir.
Y eso no me gusta.

Pero por suerte —¡gracias a Dios!—
eso es mi mente
y no el mar.

LAS MALAS LENGUAS

¿Y qué más dan los demás?
¿Qué importa lo que piensen de uno?
Si tu apoyo es mi realidad,
sus palabras no son más que ruido,
sin fuerza para cambiar nuestro camino.

LA SENSACIÓN DE LO PERDIDO

Todo tiene un inicio y un final.
Yo, si puedo, me pido pararme justo en el medio.

TE ANHELO

Los ecos de nuestras voces
resuenan en mi memoria.
Lo que ven mis ojos
se funde en lo que vieron entonces,
los momentos actuales
se entremezclan con los del pasado.

Deseo volver a encontrarte;
de pronto,
sin previo aviso,
para no ilusionarme,
por si al final no apareces.

Deseo volver a abrazarte,
sentir tus brazos apretando mi espalda.
Y cuando te vayas,
deseo que me dejes, de nuevo,
la última en tu despedida,
sabiendo ya lo que significa.

Anhelo tantas cosas que
ya no sé ni lo que anhelo...

IMPOTENCIA

Ese sentimiento que compartimos,
porque tú estás lejos de mí,

y yo, lejos de ti.

AQUEL ABRAZO...

Yo me fui llorando,
ella subió a abrazarme,
me meció y me susurró «ssshhh».

¡Cuánto amor sentí!

MIEDO (I)

Cuando pienso que no volveré a verte,
quizá en otra vida,
no lo sé,
no lo sabes,
nadie lo sabe.
Pero pensamos que sí,
queremos creer que sí,
que tú y yo volveremos a vernos,
eso queremos.
Pero... ¿y si no es así?
Eso, eso me da miedo.

TODO AQUELLO QUE SENTÍA Y A TI TE DIO IGUAL

Y duele, ¿sabes?

MIEDO (II)

No he hecho por miedo.
No he sentido por miedo.
No he vivido por miedo.
No me he movido por miedo.
No me he defendido por miedo.
No me he opuesto por miedo.
No me he escuchado por miedo.
No he dejado de ir a contracorriente por miedo.
No he sido yo por miedo.

Y al ver esto... siento miedo.

LA CRUELDAD DE LA INFANCIA Y SUS HERIDAS

Esa terrible etapa en la que
te puede ir muy bien
o ser una completa mierda.

Y no, no hablo de la familia,
sino de la escuela...
de la gente,
de sus risas y sus «bromas»,
de sus comentarios hirientes,
de su silencio.
De su necesidad de amargar
la existencia de uno —o una—.
Y de que no pase nada.

¿Y qué pasa después?
¿Quién cura las heridas?

TODO LO QUE NO EXISTIÓ

¿Quién fue la mano inocente
que sacó las papeletas
de los roles que representaríamos
en esta vida?

¿Qué fue de aquellos universos
que podríamos haber vivido
y no fue así?

¿Dónde quedó aquel amor
del que nos separaron,
ese hilo dorado
que podría haber tejido nuestras almas?

¿Quién me devuelve esos pequeños momentos
que no existieron
y que no he vivido?

ACALLAR LA MENTE

En la oscuridad de la mente,
las preguntas danzan, pero no se oyen.
Un murmullo en el pecho, un lamento en el alma,
un grito acallado que nos devora lentamente.

¿Y si la respuesta duele como las espinas?
Preferimos la duda a la herida.
Resguardados bajo el halo de incertidumbre,
a pesar del murmullo,
existe una zona segura.

Miradas furtivas, palabras calladas,
la mente activa,
los labios sellados a cal y canto.
En el rincón de las dudas olvidadas,
se asienta la angustia, el silencio atroz.

Lo que callas te atormenta,
hasta que, de pronto, el valor despierta.
Abres los labios,
la mente se calla,
y el alma respira aliviada.

Un día, de pronto, te encuentras sin miedo,
lo dominas,
lo agarras,
y se lo ofreces al viento...

Pregunta,
aunque te dé miedo: pregunta.

HUELLAS EN EL TIEMPO

Volvería a revivir,
una y otra vez,
esos momentos que viví contigo.

ENTRE OLA Y OLA

Ese espacio en el tiempo que se abre entre ola y ola,
donde el mar respira en silencio.
¿Pero qué secretos se ocultan entre ola y ola?

El agua, serena,
como los sentimientos en una tarde de verano,
mientras abajo...
¡Ay, abajo!
La arena se desliza, llevada por la marea,
como la mente de aquella niña,
que teme, en secreto,
que su verdad, pequeña, frágil y atormentada, sea desvelada.

¿Qué se oculta entre ola y ola?
¿La calma... o el rugido del huracán?

PARTE II

ECOS DEL PRESENTE

INFINITO SE QUEDA CORTO

Y aunque sabes que te quiero,
no puedes hacerte una idea de cuánto es eso.

NADIE LO ENTIENDE

Quererte.
Nadie lo entiende,
y, francamente, me da igual.
A veces, ni yo misma lo comprendo...
¿Qué tienes que te hace tan especial?
¿Es una chispa de este mundo
o un eco de otras vidas?
¿Es fruto del ahora o es el hilo rojo
del que tanto hablan las leyendas?

Es bonito pensar en ello,
es especial,
ya que es atemporal,
no tiene ni un inicio ni un final.
Y, de verdad,
me da igual,
porque yo te quiero,
tanto como la tierra quiere a la lluvia,
y no importa nada más.

BAJO LAS RAÍCES DE LA FLOR QUE ABRAZA AL SOL

Lo que tenemos tú y yo
y no se lo hemos dicho a (casi) nadie.

¿TE CUENTO UN SECRETO?

El secreto más grande que compartimos tú y yo
no lo diré por aquí.
Porque es enorme,
y porque es nuestro.

Si el mundo lo supiera,
todo se alteraría.
Pero sí que os diré algo:
es PRECIOSO,
un lazo que solo nosotras entendemos.

LÁGRIMAS DEL AYER

Te digo:
Ya me has hecho llorar...

Me dices:
Pero espero que sea de alegría y no de tristeza,
porque de esas también he tenido muchas contigo.

¡Y QUÉ BONITO SUENA MADRID!

Me bajé del tren y se me dibujó una sonrisa.
Fue instantánea.
Hacía frío, mucho frío, y la gente me miraba.
Yo seguí caminando como si nada.
Porque estaba allí,
por fin, por fin,
allí estaba.
Era instantánea.
Nunca cambiaba.
Era bajarme del tren y que se me dibujara.

Volvía a Madrid,
desde que era niña que vivía encariñada de su Gran Vía blanca.

A Madrid le falta la playa y a Barcelona
... su Gran Vía blanca.

REFLEJO

Tú dices que yo valgo mucho,
pero eso es porque no te ves
con mis ojos.

ASTRONAUTAS

Nos creímos astronautas,
tú eras Buzz Lightyear,
queriéndome hasta el infinito
y más allá.
Y yo te quería
hasta la Luna y volver,
una y otra,
y otra vez.

LA ESPERA

¿Cuándo tacharé ese «volverte a ver»
que está en mis deseos aún sin cumplir?

CONVERSACIONES

Una vez te dije:
Ya sabes que soy mi peor enemiga.

Y tú me respondiste:
No, nunca tienes que ir en contra de ti misma.

¿HASTA DÓNDE LLEGA EL AMOR?

No voy a mover ni un dedo.
Por ti.
Porque si no fuera así, iba a arder Troya.

Y es en ese preciso momento, en ese instante exacto, cuando te das cuenta de todo lo que sucede: no todos te quieren bien; a muchos les molesta ese vínculo porque ellos no lo tienen. Pero tú sí. Y cuando te lo dice, ves el amor. Porque es solo para protegerte. Es un amor tan profundo que apacigua la rabia que nace de su interior, esa rabia que le inflama el cuerpo. Ese amor que lo riega para calmarlo con sosiego.

SILENCIO

Me siento cómoda en el silencio.
Hablar me da miedo,
pero contigo no.
Me siento cómoda hablando contigo.
Y el silencio, a veces,
me da miedo.

UTOPÍA DE LA OBSESIÓN

Tú no lo sabes,
pero hablo de ti,
y mucho.

Creo que tengo a la gente
cansada ya de ti.

HERIDAS

Del pasado.
Las heridas siempre son del pasado,
y no las compartimos con todos.
No, qué va,
solo con unos pocos,
los afortunados.
Y yo soy la afortunada
que sabe de las tuyas.

A VECES, ESPERO

Cuando me escribes, quiero dejarlo todo
y responderte al instante,
aunque solo tenga una milésima de segundo
para ti.
Pero, a veces, espero.
¿No es más bonito, en lugar de una respuesta rápida,
buscar un rincón donde el tiempo se detenga,
donde cada palabra sea un susurro,
y pueda disfrutar de estar más tiempo contigo?

Porque aunque quiera dejarlo todo
y sumergirme en tus palabras,
el tiempo de espera no es vacío;
las ideas toman forma
y la emoción se acumula.

EVOCANDO TU VOZ

En la infancia, los niños tienen un amigo imaginario.
Yo, a mi edad adulta, tengo una voz imaginaria:
la tuya.
Me acompaña durante el día.
Le cuento lo que me preocupa,
me imagino cuál sería tu respuesta.
Sé que me hará sentir bien,
aunque todo lo que me rodea se derrumbe.

Es una voz imaginaria, lo sé,
pero me ayuda.
Hablo con ella;
es tu voz.
Aunque estés lejos,
y deba esperar para llegar a casa
y escribirte exactamente lo que siento.
En esos momentos, tu voz me ayuda.

Porque te conozco bien y sé qué me dirías.
Y sí, tu voz en mi cabeza coincide con la tuya
a kilómetros de aquí.
No me siento sola.
Todo lo contrario.
Me ayuda a afrontar mis miedos,
porque sé que, pase lo que pase,
suceda lo que suceda,
siempre puedo acudir a ti.

ENTRE TIERRA Y VIENTO

Soy de Tierra.
Y siempre he querido ser Viento.
No me preguntes por qué, no lo sé...
Solo sé que me siento más libre. Más yo.

Recuerdo los días
en que el viento acariciaba mi rostro,
y yo soñaba en perderme en su danza.
Con cada susurro,
el aire me prometía
un mundo sin ataduras.

Quizás, en mi infancia,
corría entre los árboles,
dejando que el viento me guiara,
sin miedo a caer.
Hoy, la Tierra me sostiene,
pero el Viento me llama,
susurra secretos de libertad.

Y mientras permanezco aquí,
mis raíces se entrelazan con mis sueños,
esperando el día en que me suelte
y finalmente pueda ser Viento.

NO SOY YO, ERES TÚ

Y aunque haya alguien que se avergüence de ti,
habrá alguien que no lo hará.

SENTIMIENTOS ENCONTRADOS

Tengo sentimientos encontrados
y no me gusta.
No, no me gusta.
Para nada.

Te quiero,
y a la vez me haces daño.
¿O soy yo la que se hace daño?
Ves, por eso no me gusta.

Recuerdo aquellos días
cuando tu risa iluminaba mis mañanas,
y todo parecía más sencillo.
Ahora, esa luz se mezcla con la sombra,
y por eso no me gusta.

LA CLAROSCURIDAD DE LAS VOCES

Los demonios viven en las tinieblas,
y los ángeles en la luminosidad.
Yo tengo ambos.
¿Los sabes diferenciar?

LA SOMBRA QUE ME ACECHA

Espera algo de mí y no sé lo que es.
La noto a cada instante,
a cada minuto,
a cada segundo,
a cada respiración.

Agazapada en mitad de la noche,
esperando a que me duerma (o a que me duerman)
y pueda salir.
La veo;
es fría y oscura,
una que chupa alegrías,
y me la produces tú.

Como también me produces a su enemiga,
ese rayo de luz,
que me la enseña desde la esquina.

¿Qué es esta batalla?
Una lucha entre lo que fui y lo que soy,
entre la sombra que me abraza
y el destello de lo que anhelo recuperar.
El eco de voces pasadas resuena,
como un susurro que me recuerda
a algo que ya no se puede recuperar.

LO QUE NO SUPE VALORAR

Me duele echar la vista atrás,
por no haber abrazado el tiempo,
por no haber vivido los momentos,
por no haber sido consciente de que se podían acabar.
Por no haber comprendido que el «para siempre»
solo existía en los cuentos.

Me duele mirar hacia atrás,
porque veo lo que he perdido,
y aunque lo intente
no puedo evitarlo.
Y siempre, siempre, siempre vuelvo a mirar.

A DESTIEMPO

Nos conocimos en un tiempo equivocado,
en un mundo —o en una realidad— que no nos pertenecía.
Nos quisimos a destiempo,
a nuestra manera,
como pudimos,
como nos permitieron.

A nuestra manera,
a destiempo,
pero, a pesar de todo, nos quisimos.

CACTUS DE INVIERNO

Después de meses y meses de espera,
es época de que florezca
y llene de color la ansiada espera.

No siempre sale de las raíces
de los esquejes de la planta;
puede que llegue sola con el viento,
suave y delicada,
como un abrazo inesperado.

Así, la flor se abre
y se convierte en un cactus de invierno,
trasplantado por el viento.

HUELLAS DE FRAGILIDAD

Como una mariposa protegida por su envoltura,
tan frágil como ella.
Esa coraza que llevas puesta,
pero si la sacas,
la tristeza te inunda...

Te he visto sin ella,
frágil,
he sido testigo de ello.
Me ha dolido lo mismo que a ti,
no tu herida,
sino verte sufrir por ella.

Te he visto llorar;
se me ha encogido el alma,
y he compartido tus lágrimas.
He llorado contigo,
aun estando lejos.
Quería estar allí,
abrazarte y secarte esas lágrimas,
quizá envolverte en una manta,
y no dejar que salieras de tu cama.

Como la mariposa mirando por primera vez al mundo,
soy, he sido y seré testigo
de tus huellas de fragilidad.

LA ESPERA INTERMINABLE

¿Cuánto falta para que suene el pitido
que anuncia el final de esta espera?

PARTE III

MURMULLOS DE REENCUENTROS

¿NO SERÍA UNA LOCURA?

¿No sería una locura
ir y volver en un día?
¿No sería una locura
escaparte del mundo
para ir a la vida?
¿No sería una locura
no aprovechar esa descabellada idea?

Pedir un día de fiesta,
subirte a toda prisa
en el primer tren de la mañana,
bajarte a kilómetros de casa.

Reencontrarnos,
abrazarnos,
reír,
llorar,
y abrazarnos una vez más.

Tener un día diferente
que casi pareciera irreal.
Subirte —casi dejándolo escapar—
en el último tren del día,
y regresar a casa.

¿No sería una locura?

ITALIA

Mi lugar favorito,
donde tú no has ido
y a donde me gustaría
acompañarte.

FUTURO INCIERTO

Esos planes que hacemos,
tú y yo, sin saber si sucederán.
El futuro es incierto;
la vida da muchas vueltas.

Pero ahora, al soñar con ellos,
el presente se siente más agradable.

PONERME EN MI CENTRO

En algún momento,
en algún punto de la vida,
tanto tú como yo
nos hemos olvidado de nosotras mismas.

Puede que haya sido hace años,
quizás sea ahora mismo,
o tal vez será de aquí a un tiempo.
O puede que sea todo a la vez.

Nos hemos apartado,
hacia la derecha o hacia la izquierda,
con un mismo objetivo:
centrarnos en él o en ella.

Hasta que se nos ha ido de las manos.
Normal, viéndolo con perspectiva,
una que antes, claramente, ninguna de las dos tenía.
No, no te mientas, no la tenías.
Tampoco yo.

Quedabas en segunda posición,
a la espera de que la vida te dijera «ahora es tu turno».

Pero... ¿por qué nadie te dijo
que no era la vida quien tenía que decirte eso?
Que eras tú.
¿O sí te lo dijeron?

A veces hay demasiados hilos en el ovillo
como para saber hacia dónde tirar.
Hasta que, de pronto, algo o alguien
hace que se te crucen los cables.

Y eso es maravilloso,
porque por fin has despertado.
Has empezado a salir de ese estado de Bella Durmiente
para convertirte en Cenicienta a la fuga
(solo cuando corre escaleras abajo y pierde el zapato;
después no es necesario reproducir la historia que sigue).

O si lo prefieres...
has escupido la manzana envenenada que mordió Blancanieves.
Lo que sea.

Lo importante es que vuelves a ponerte a ti misma en tu centro.
Y de ahí ya no te va a sacar nadie,
si tú no lo permites, claro.
Porque si no eres tú misma...
¿quién va a mirar por ti?

PALABRAS QUE SANAN

Cuando un paciente viene a terapia,
siempre le propongo escribir.
¿Por qué?, suelen preguntarme.
Porque te ayuda a tomar distancia,
a reencontrarte contigo mismo,
a entender lo que sientes y lo que viviste.

A veces pienso en cuánto me costaba,
hace años,
poner palabras a lo que sentía.
Escribir era un acto lejano,
como lo eran las emociones que evitaba.

Te ayuda a reformular tu pasado y tu presente
y a mirar hacia el futuro.

Poner palabras es terapéutico,
no lo voy a negar.
Puede que esta sea mi terapia,
la que yo necesito,
la que a mí me gusta.

Y sí, me siento orgullosa de poder escribir.
Antes, no sabía ni por dónde empezar.
¿Me preguntas por qué?
Porque eso quiere decir
que acepto cómo me siento,
algo que me parecía imposible.

Y eso, amiga mía,
es lo mismo que llegar al nirvana.

Y ME HE IDO... ENTRE CENIZAS

Y me he ido,
porque a tu lado
me hago daño.
Pero quiero volver,
el corazón me llama.
No puedo.
Sé que no puedo,
aunque anhele tus abrazos.
Es una orden,
de mí para mí,
para cuidarme,
para estar bien.

A veces, me pierdo,
en recuerdos que duelen,
pero al igual que el ave fénix
resurgiré de entre mis cenizas.

No me busques,
no estaré.

Pero estoy bien.

REENCUENTROS

¿Por qué siempre decimos
esto y aquello,
y nunca lo hacemos?

EL RASTRO DE UN SUEÑO

He soñado contigo,
ha sido como reencontrarnos en un rincón del tiempo.

PRÓXIMA VIDA

No sé por qué me da que en la próxima vida
tú y yo
vamos a estar juntas.

(¡Y qué bonito fue escucharlo!).

ATRAPADA EN LA NOSTALGIA

Si tuviese que quedarme con tan solo un recuerdo,
no podría elegir.
Tengo mis momentos favoritos,
esos que me anclan al pasado
y me hacen rememorar.
A los que acudo cuando,
en los días grises,
el barco se va a la deriva.

Son esos momentos contigo
los que me han enseñado
algo que no sabía:
me gusta la nostalgia.
Mucho.
Puede, incluso,
que se haya convertido en mi emoción favorita.

La nostalgia es la que me recuerda que
todo aquello
ha sucedido.

Y aunque con el tiempo
todo caiga en el olvido,
que la mente se olvide de los momentos compartidos,
sé que, en el fondo,
mi nostalgia no te olvida.

LA ETERNIDAD DE BÉCQUER

Bécquer escribió: «poesía eres tú».
Y le doy toda la razón:
poesía, sin duda, eres tú.

La poesía es el último recurso al que acudimos,
y el más bonito para el alma.

Índice

PARTE II

ECOS DEL PRESENTE

PARTE III
MURMULLOS DE REENCUENTROS

Este libro se terminó de editar en Granada
en febrero de 2025 por

Aliarediciones

www.aliarediciones.es
info@aliarediciones.es